Audio dan video:

www.sefa-bilingual.com/bonus

Kata sandi untuk akses gratis:

b. Indonesia: **Maaf, buku audio atau video belum tersedia dalam bahasa ini. (Sorry, audio or video not yet available.)**

b. Perancis: **WSFR1527**

Kami sedang berupaya membuat sebanyak mungkin buku dwibahasa kami tersedia untuk Anda sebagai buku audio dan video. Kami mohon kesabaran Anda jika belum ada versi audio atau video dalam bahasa Anda! Anda dapat mengikuti perkembangan pekerjaan kami di situs web kami:
www.sefa-bilingual.com/languages

Pada zaman dahulu kala ada dua belas anak-anak raja–sebelas saudara laki-laki dan satu kakak sulung perempuan, Elisa. Mereka hidup bahagia di sebuah istana yang indah.

Il était une fois douze enfants royaux — onze frères et une sœur ainée, Elisa. Ils vivaient heureux dans un magnifique château.

Ulrich Renz · Marc Robitzky

Angsa-Angsa liar

Les cygnes sauvages

Buku bergambar hasil adaptasi dari dongeng karya

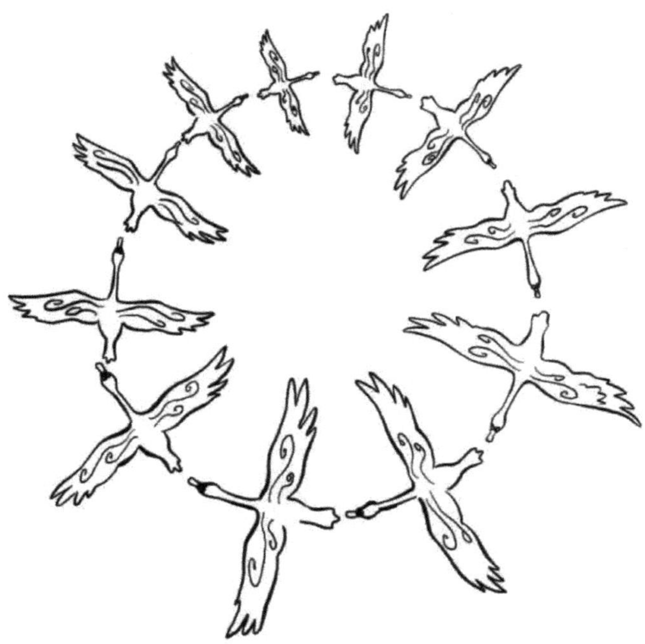

Hans Christian Andersen dalam dua bahasa

Terjemahan:

Dewi Putri Wardjiman (b. Indonesia)

Martin Andler (b. Perancis)

Suatu hari sang ibu meninggal, dan beberapa waktu kemudian sang raja menikah kembali. Tetapi sang istri yang baru ternyata adalah seorang penyihir jahat. Dengan sebuah kutukan dia mengubah kesebelas pangeran menjadi angsa dan mengirim mereka pergi, ke sebuah negara yang amat jauh di belakang hutan besar.

Un jour, la mère mourut, et après un certain temps, le roi se remaria. Mais la nouvelle épouse était une méchante sorcière. Elle changea les onze princes en cygnes et les envoya dans un pays éloigné, au delà de la grande forêt.

Dia memakaikan sang gadis pakaian usang dan mengoleskan salep buruk rupa ke wajahnya, sehingga ayahnya sendiri tidak mengenalinya lagi dan mengusir sang gadis dari istana. Elisa berlari ke dalam hutan yang gelap.

Elle habilla la fille de haillons et enduisit son visage d'une pommade répugnante, si bien que son propre père ne la reconnut pas et la chassa du château. Elisa courut vers la sombre forêt.

Kini sang gadis tersebut seorang diri, dan merindukan dari lubuk hatinya yang terdalam saudara-saudara laki-lakinya yang hilang. Ketika malam tiba, dia membuatkan untuk dirinya sebuah tempat tidur beralaskan lumut di bawah pepohonan.

Elle était alors toute seule et ses frères lui manquaient terriblement au plus profond de son âme. Quand le soir vint, elle se confectionna un lit de mousse sous les arbres.

Pada pagi hari selanjutnya dia mendatangi sebuah danau yang sunyi dan terkejut ketika melihat bayangannya sendiri di air. Tetapi setelah dia membasuh dirinya, dia adalah anak raja yang tercantik di bawah matahari.

Le lendemain matin, elle arriva à un lac tranquille et fut choquée de voir son reflet dans l'eau. Une fois lavée, cependant, elle redevint le plus bel enfant royal sous le soleil.

Setelah beberapa hari kemudian Elisa telah sampai di laut yang besar. Terlihatlah sebelas bulu angsa yang menari-nari di atas permukaan ombak laut.

Après de nombreux jours, elle arriva à la grande mer. Sur les vagues dansaient onze plumes de cygnes.

Ketika matahari terbenam, terdengarlah gemerisik di udara, dan terlihatlah sebelas angsa liar sedang mendarat di air. Elisa segera mengenali saudara-saudara laki-lakinya yang tersihir. Tetapi karena mereka berbicara bahasa angsa, dia tidak dapat mengerti mereka.

Au coucher du soleil, il y eut un bruissement dans l’air, et onze cygnes sauvages se posèrent sur l’eau. Elisa reconnut tout de suite ses frères ensorcelés. Mais comme ils parlaient la langue des cygnes, elle ne pouvait pas les comprendre.

Pada siang hari para angsa tersebut pergi terbang, dan pada malam hari kakak-beradik tersebut berkumpul di sebuah gua.

Suatu malam, Elisa mendapatkan sebuah mimpi yang ajaib: Ibunya memberi tahu kepada dia bagaimana caranya untuk membebaskan saudara-saudara laki-lakinya. Dia diharuskan untuk merajut sebuah baju untuk setiap angsa dari rumput liar yang daunnya berduri, yang tumbuh di berbagai tempat yang gelap, dan melemparkannya satu persatu ke mereka. Tetapi sampai tugas itu selesai, dia tidak boleh mengucapkan satu kata pun, kalau tidak, saudara-saudara laki-lakinya akan meninggal.
Elisa segera memulai tugasnya. Walaupun tangannya terasa seperti terbakar api, dia terus merajut tanpa lelah.

Chaque jour, les cygnes s'envolaient au loin, et la nuit, les frères et sœurs se blottissaient les uns contre les autres dans une grotte.

Une nuit, Elisa fit un rêve étrange : sa mère lui disait comment racheter ses frères. Elle devrait tricoter une chemise d'orties à chacun des cygnes et les leur jeter dessus. Mais avant d'en être là, il ne fallait pas qu'elle prononce un seul mot : sinon ses frères allaient mourir.
Elisa se mit au travail immédiatement. Et bien que ses mains lui brûlaient comme du feu, elle tricotait et tricotait inlassablement.

Suatu hari terdengar di kejauhan bunyi-bunyi terompet dari perburuan. Seorang pangeran dan para bawahannya sedang berkuda, dan tak lama kemudian berdirilah sang pangeran di hadapan sang gadis. Ketika keduanya saling bertatap mata, mereka jatuh cinta.

Un jour, des cornes de chasse se firent entendre au loin. Un prince, accompagné de son entourage, arriva à cheval et s'arrêta devant elle. Quand leurs regards se croisèrent, ils tombèrent amoureux.

Sang pangeran mengangkat Elisa ke kudanya dan membawanya ke istana sang pangeran.

Le prince prit Elisa sur son cheval et l’emmena dans son château.

Sang bendahara yang berkuasa sama sekali tidak senang dengan kedatangan si cantik yang bisu ini. Putri kandungnya sendirilah yang seharusnya menjadi pengantin dari sang pangeran.

Le très puissant trésorier fut loin d'être content de l'arrivée de cette beauté muette : c'était sa fille à lui qui devait devenir la femme du prince !

Elisa tidak melupakan saudara-saudara laki-lakinya. Setiap malam dia melanjutkan tugasnya untuk membuat kemeja. Suatu malam dia pergi ke taman makam untuk mendapatkan rumput liar yang segar untuk baju adik-adiknya. Sang bendahara mengamatinya secara diam-diam.

Elisa n’avait pas oublié ses frères. Chaque soir, elle poursuivait son travail sur les chemises. Une nuit, elle alla au cimetière pour cueillir des orties fraiches. Le trésorier l’observa en cachette.

Segera setelah sang pangeran pergi berburu, sang bendahara menjebloskan Elisa ke bawah tanah. Dia berpendapat bahwa gadis tersebut adalah penyihir yang berkumpul dengan para penyihir lain di malam hari.

Dès que le prince partit à la chasse, le trésorier fit enfermer Elisa dans le donjon. Il prétendait qu'elle était une sorcière qui se réunissait avec d'autres sorcières la nuit.

Ketika subuh, Elisa dijemput oleh para penjaga. Dia akan dibakar di alun-alun kota.

Au petit matin Elisa fut emmenée par les gardes. Elle devait être brûlée sur la place du marché.

Tak lama setelah sang gadis tersebut tiba, datanglah secara tiba-tiba sebelas angsa putih. Elisa dengan cepat melemparkan ke setiap mereka baju dari rumput liar. Tidak lama kemudian kesemua saudara-saudara laki-lakinya berdiri di hadapannya dalam wujud manusia. Terkecuali si bungsu, yang bajunya masih belum rampung, tetap mempunyai sebuah sayap.

A peine y fut-elle arrivée qu’onze cygnes arrivèrent en volant. Elisa, très vite, jeta une chemise d’orties sur chacun d’eux. Bientôt, tous ses frères étaient devant elle en forme humaine. Seul le plus petit, dont la chemise n’était pas terminée, avait encore une aile à la place d’un bras.

Pelukan dan ciuman sang kakak-beradik masih tak kunjung berhenti, ketika sang pangeran kembali. Akhirnya Elisa dapat menjelaskan semuanya kepadanya. Sang pangeran memerintahkan agar sang bendahara yang jahat dijebloskan ke bawah tanah. Setelah itu pernikahan sang pangeran dan Elisa dirayakan selama tujuh hari lamanya.

Dan mereka hidup bahagia selama-lamanya.

Les frères et la sœur étaient encore en train de s'étreindre et de s'embrasser quand le prince revint. Elisa put enfin tout lui expliquer. Le prince fit jeter le méchant trésorier dans le donjon. Après quoi, le mariage fut célébré pendant sept jours.

Et ils vécurent heureux et eurent beaucoup d'enfants.

Hans Christian Andersen

Hans Christian Andersen was born in the Danish city of Odense in 1805, and died in 1875 in Copenhagen. He gained world fame with his literary fairy-tales such as „The Little Mermaid“, „The Emperor’s New Clothes“ and „The Ugly Duckling“. The tale at hand, „The Wild Swans“, was first published in 1838. It has been translated into more than one hundred languages and adapted for a wide range of media including theater, film and musical.

Apakah kamu suka menggambar?

Berikut adalah gambar-gambar dari cerita untuk diwarnai:

www.sefa-bilingual.com/coloring

► Usia yang disarankan: dari 2 tahun

Tim tidak bisa tidur. Serigala kecilnya hilang! Apakah mungkin Si Serigala Kecil tertinggal di luar?
Seorang diri, Tim keluar di malam hari – dan tanpa disangka bertemu dengan beberapa teman.

Tersedia dalam bahasa Anda?

► Lihat di sini:

www.sefa-bilingual.com/languages

► Recommended age: 2-3 and up

Lulu can't fall asleep. All her cuddly toys are dreaming already – the shark, the elephant, the little mouse, the dragon, the kangaroo, and the lion cub. Even the bear has trouble keeping his eyes open ...
Hey bear, will you take me along into your dream?
Thus begins a journey for Lulu that leads her through the dreams of her cuddly toys – and finally to her own most beautiful dream.

Tersedia dalam bahasa Anda?

► Lihat di sini:

www.sefa-bilingual.com/languages

www.sefa-verlag.de

Special thanks to: Paul Bödeker, Freiburg, Germany

ISBN: 9783739978543

www.sefa-bilingual.com

www.ingramcontent.com/pod-product-compliance
Lightning Source LLC
LaVergne TN
LVHW070601061026
849580LV00018B/2779
* 9 7 8 3 7 3 9 9 7 8 5 4 3 *